나는 커서
어떤 일을 할까?

글 양지안

어린이책 작가교실에서 공부하고 〈애벌레는 알고 있을까?〉로 MBC창작동화 대상을 받았습니다. 그동안 《노력파는 아무도 못 당해》《천만의 말씀 만만의 콩떡》《100점짜리 맹일권》을 비롯하여 여러 권의 어린이책을 썼습니다. 어떻게 하면 더 재미있고 알찬 책을 쓸 수 있을까? 하고 늘 고민한답니다.

그림 강경수

오랫동안 만화를 그리다가 지금은 어린이책의 매력에 흠뻑 빠져 어린이를 위한 일러스트와 그림책 작업을 하고 있습니다. 그린 책으로는《물음표 일기쓰기》《다리미야, 세상을 주름 잡아라》《반가워요! 다윈》들이 있고, 쓰고 그린 책으로는《거짓말 같은 이야기》《잠들지 못하는 밤》《내 친구의 다리를 돌려 줘!》들이 있습니다.《거짓말 같은 이야기》로 2011년 볼로냐아동도서전 논픽션 부문 라가치상 우수상을 받았습니다.

| 이 책에 대한 설명 |

과거와 비교하면 현재의 어린이들이 택할 수 있는 직업은 무한대입니다. 어린이들이 생각하는 꿈의 가짓수도 다양합니다. 어린이들이 꿈꾸는 미래의 직업은 자주 바뀌고 때로 꿈꾸는 이유도 황당하지만, 자신들에게는 꼭 이루고 싶은 자랑스러운 '꿈'입니다.
이 책에서, 연호네 반 아이들은 각자 생각하는 미래의 직업에 관해 이야기합니다. 단순히 동경하는 직업을 이야기하는 것이 아니라, 자신이 좋아하고 잘할 수 있는 일을 직업으로 그리는 아이들의 모습이 천진난만합니다. 연호가 구석 스케치북에 그리는 반 친구들의 미래 모습을 통해 미리 꿈을 이뤄 볼 수 있습니다.

스콜라 꼬마지식인 03

나는 커서 어떤 일을 할까?

양지안 글 | 강경수 그림

위즈덤하우스

오늘은 꿈과 직업에 관해 공부하는 날이야.
"자, 그럼, 커서 어떤 일을 하고 싶은지 발표해 볼까?"
선생님 말씀에 우리 반 아이들은 너도나도 손을 높이 치켜들었어.
"저요, 선생님. 저요!"
민우 목소리가 가장 컸어.
나는 민우 꿈이 무엇인지 알아.

"제 꿈은 축구 선수입니다."
민우는 가슴을 쫙 펴고 말했어.
"그래, 민우는 축구를 좋아하지?"
선생님 말씀에 민우는 더욱 신이 났어.
"네, 저는 축구 시합을 할 때가 가장 즐거워요.
축구 선수는 체력이 좋아야 하고요, 축구공을 잘 다루어야 해요.
그러려면 꾸준히 운동하고 연습해야 해요.
그래서 저는 날마다 공을 차요."
정말이야. 민우는 틈만 나면 공을 차.
앞으로 찼다가 뒤로 찼다가, 진짜 축구 선수 같아.
"하지만 달리기는 잘 못해요.
앞으로는 달리기 연습을 많이 할 거예요."
민우는 머리를 긁적이며 말했어.
달리기는 경은이가 잘해.

우리 편이 어디 있나 잘 살펴서 패스해!

운동선수

축구나 야구, 농구, 수영 같은 운동 경기에 나가는 사람들을 운동선수라고 해요. 운동선수는 운동 경기의 규칙과 기술을 익혀야 해요. 경기에 이기기 위해서 감독과 코치에게 훈련을 받아요. 경기에 나가기 전에는 상대의 기술을 살펴보고 작전을 짜기도 하지요. 운동선수가 되려면, 어렸을 때부터 열심히 훈련해서 체력을 다지고 실력을 키워야 한답니다.

축구 선수

축구는 열한 명이 한 팀인 운동 경기예요. 축구 선수는 맡은 역할에 따라 골대를 지키는 골키퍼와 공격수, 수비수 등으로 나뉘어요. 저마다 자기가 맡은 자리에서 열심히 뛰어야 할 뿐만 아니라 같은 팀 선수들끼리 마음이 잘 맞아야 이길 수 있어요. 넓은 경기장을 90분 이상 뛰어야 해서 체력도 좋아야 하지요.

경은이는 일주일에 세 번 수영장에 간대.
"수영은 정말 재미있어요.
무릎을 곧게 펴고 힘차게 발차기를 해야 앞으로 쭉쭉 나가요.
푸파, 푸파, 숨쉬기도 중요해요."
경은이는 팔을 앞으로 뻗고 고개를 왼쪽,
오른쪽으로 돌리며 수영하는 흉내를 냈어.
몇몇 아이들이 경은이를 따라 했어.
"수영 선수가 될 거니?"
선생님께서 물어 보셨어.
"네, 수영으로 올림픽에 나가서 금메달도 따고 싶은데요,
가장 하고 싶은 일은 바닷속 탐험이에요.
수영 선생님께서 스쿠버다이빙 강사에 대해 알려 주셨어요.
바닷속을 체험하고 싶어 하는 사람들을 가르치는 선생님이래요.
바다에서 하는 일이라니 정말 마음에 들어요."
경은이는 상상만 해도 좋은지 활짝 웃었어.

스쿠버다이빙 강사
스쿠버다이빙은 물에서 숨 쉴 수 있게 해 주는 수중 호흡 장비를 갖추고 물속에서 헤엄치는 운동이에요. 그것을 가르쳐 주는 사람이 스쿠버다이빙 강사죠.
이 일을 하려면, 정해진 교육을 받고 자격증을 따야 한답니다.

"으으, 나는 물이 정말 무서워."
지영이는 얼굴을 찡그리며 말했어.
"그럼 지영이의 꿈은 물하고 거리가 멀겠구나?"
선생님께서 웃으며 묻자, 지영이도 따라 웃었어.
"네, 저는 디자이너가 될 거예요.
수영은 좋아하지 않지만, 수영복에는 관심이 많아요."
지영이 엄마는 우리 동네 디자이너야.
지금 내가 입고 있는 바지도 지영이 엄마가
우리 아빠 바지를 줄여서 만든 거야.
"좋은 디자인은 쓰기 편하면서 예쁜 거래요.
디자인 공부 열심히 해서 멋진 디자이너가 될 거예요."
지영이는 꼭 그렇게 될 것 같아.

디자이너
무언가를 쓸모 있으면서도 아름답게 만드는 사람을 디자이너라고 해요. 패션 디자이너, 제품 디자이너, 실내장식 디자이너를 비롯해 디자이너의 분야는 무척 다양해요. 디자이너가 되려면, 창의성과 미적 감각이 있어야 해요.

패션 디자이너

옷을 디자인하는 사람을 패션 디자이너라고 해요. 옷과 사람, 문화에 대해 끊임없이 공부하고 창의성을 계발해야 좋은 패션 디자이너가 될 수 있어요.

"용재야, 너도 디자이너가 된다고 했지?"
지영이가 물었어.
"응. 하지만 내 꿈은 패션 디자이너가 아니고 테마파크 디자이너야."
용재의 대답에 민우가 물었어.
"테마파크 디자이너는 뭐야?"
"놀이공원을 디자인하는 사람이래."
용재가 일러 주자, 아이들은 우아, 하고 환호성을 질렀어.
"재미있겠지?
내가 비밀의 집과 동물 캐릭터를 몇 개 그렸는데
그걸 보고 우리 삼촌이 테마파크 디자이너에 대해 알려 주셨어."
용재는 어깨를 으쓱하고 이어 말했어.
"놀이공원을 만든다는 생각만 해도 기분이 좋아."

테마파크 디자이너

사람들이 편안하게 쉬거나 즐겁게 지낼 수 있는 공원을 디자인하는 사람을 테마파크 디자이너라고 해요. 테마파크 디자이너는 어떤 주제로 어떻게 공원을 만들지 구상하고, 공사 현장을 관리하며 감독해요. 놀이공원을 꾸미는 사람도 테마파크 디자이너라 해요.

"나는 맛있는 빵을 먹으면 기분이 좋아져."
은석이는 제빵사가 될 거래.
우리 반에서 은석이만큼 빵을 좋아하는 아이는 없을 거야.
은석이 가방에는 늘 빵이 들어 있어.
"제가 하도 빵을 좋아하니까 엄마가 제빵사를 하래요.
날마다 빵을 만들다 보면 질리게 될 거라고요.
우리 동네 빵집 아저씨도 빵 만들기가 쉽지 않대요.
하지만 저처럼 맛있게 먹는 사람을 보면,
더 맛있고 영양가 높은 빵을 만들고 싶어진대요.
제가 좋아하는 빵을 만드는 거니까 무척 즐거울 거 같아요."
은석이는 빵 이야기에 신이 났어.

빵 재료를 알맞게 넣고 잘 섞어 반죽해야 해.

제과제빵사

빵을 만드는 사람은 제빵사, 케이크나 파이를 만드는 사람은 제과사라 해요. 흔히 한 사람이 제빵과 제과 두 가지를 함께해서 제과제빵사라고 하지요. 제과제빵사는 밀가루, 설탕, 달걀 따위 온갖 재료로 다양한 빵과 과자, 사탕을 만들어요. 음식 만들기를 좋아하고 미각이 뛰어난 사람에게 알맞은 일이에요.

배만 아니라 마음도 채워 줄게. 빵빵하게!

"저는 빵집을 할 거예요."
동희가 말했어. 그러자 은석이가 대뜸 물었어.
"너도 빵을 좋아하는구나?"
여기저기에서 킥킥, 웃음소리가 새어 나왔어.
동희는 얼굴이 발그레해져 더듬거렸어.
"아, 응……. 나는 빵에 재미난 이름을 붙일 거야. 그러면 손님들이 쉽게 기억하고 자꾸 찾을 테니까. 가게는 깔끔하게 꾸미고, 손님들은 친절하게 맞이할 거야."
은석이만 빼고 우리 반 아이들은 모두 다 알아.
동희가 가장 하고 싶어 하는 것은 은석이와 결혼하는 거야.
"너희 빵집 인기 많겠다."
은석이 말에 아이들이 참았던 웃음을 터뜨렸어.
은석이는 어리둥절해했어.
"왜, 왜? 내가 잘못 알아들은 거야?"

자영업자(개인 사업가)

자기 스스로 사업을 꾸려가는 사람을 자영업자라고 해요. 물건을 사고팔거나 기술, 또는 서비스로 이익을 얻는 거예요. 일에 따라서 가게나 사무실을 따로 내야 하기도 하고, 가게나 사무실 없이 하기도 해요.

"쏼라쏼라 아차쿠크피피르르."
찬하의 외계어가 또 시작되었어.
"나는 우주인이 될 거야."
미르가 찬하의 말을 통역해 주었어.
"넌 벌써 우주인인 거 같은데?"
은석이가 찬하에게 말했어.
"맞아, 맞아! 나는 우주인이야. 우주로 갈 거야."
찬하는 한쪽 팔을 위로 내뻗으며 쓔웅 소리를 냈어.
당장 날아올라 우주로 갈 것처럼 말이야.
"우주에는 공기가 없대."
지영이가 한마디 했어.
"키루, 키루." 찬하가 말하고,
"알아, 알아." 미르가 통역해 주었어.
미르는 어떻게 찬하의 말을 알아듣는 걸까?

우주에 대한 지식과 기술을 열심히 공부해야 해.

우주인

우주선을 타고 지구 밖으로 나가 우주 비행을 하는 사람을 우주인이라 불러요. 우리나라 사람으로는 세계 475번째로 우주에 다녀온 이소연 우주인이 있어요. 아직은 우주로 나가는 일이 흔하지 않아 우주인이 직업이 될 수는 없어요. 우주에 관심이 많다면, 항공 우주에 관련한 공부를 해서 연구원이나 교수가 되어도 좋아요.

통역사

외국어를 우리말로 옮겨 주거나 우리말을 외국어로 옮겨 주는 사람이 통역사예요. 통역사는 외국어뿐 아니라 우리말에 대해서도 잘 알아야 하고, 그 나라 문화도 열심히 공부해야 해요.

"마음만 먹으면 동물의 말도 알아들을 수 있어."
미르의 말에 경은이는 눈을 동그랗게 떴어.
"어떻게? 초능력으로?"
미르는 손을 내저었어.
"아니, 아니. 초능력이 아니야.
동물을 잘 관찰하고 오래 연구하면
언제 어떤 행동을 하는지, 왜 그런 행동을 하는지, 알 수 있거든."
"아이참, 나는 또 동물과 진짜 이야기를 주고받는 줄 알았네."
경은이는 멋쩍게 웃었어.
"나는 동물의 행동을 연구할 거야."
미르는 당당하게 말했어.

동물 행동학자

동물의 몸 구조, 습관, 성질 등이 어떻게 변화해 왔는지를 연구하는 사람이 동물학자예요. 그 가운데에서 동물의 행동을 주로 연구하는 학자를 동물 행동학자라고 해요. 동물과 오랜 시간 함께 생활해야 하기 때문에 동물을 좋아하고, 관찰력과 끈기, 책임감이 있어야 해요.

"정후는 동화 작가가 된다고 했지?"
선생님께서 물으셨어.
"아, 그게…… 바뀌었어요. 수의사가 되어서
동물들을 돌봐 줄 거예요."
정후가 힘없이 말하자, 지영이가 조심스럽게 덧붙였어.
"정후네 강아지가 죽었대요."
"아이고, 저런! 그런 일이 있었구나?"
선생님은 쯧쯧 하고 혀를 찼어.
"네, 미르처럼 잘 관찰해야 했는데…….
아픈 줄도 몰라서 제때 동물 병원에 데려가지 못했어요."
정후는 풀이 잔뜩 죽었어.
"정후라면 좋은 수의사가 될 거야. 기운 내렴."
선생님은 정후의 어깨를 토닥여 주셨어.

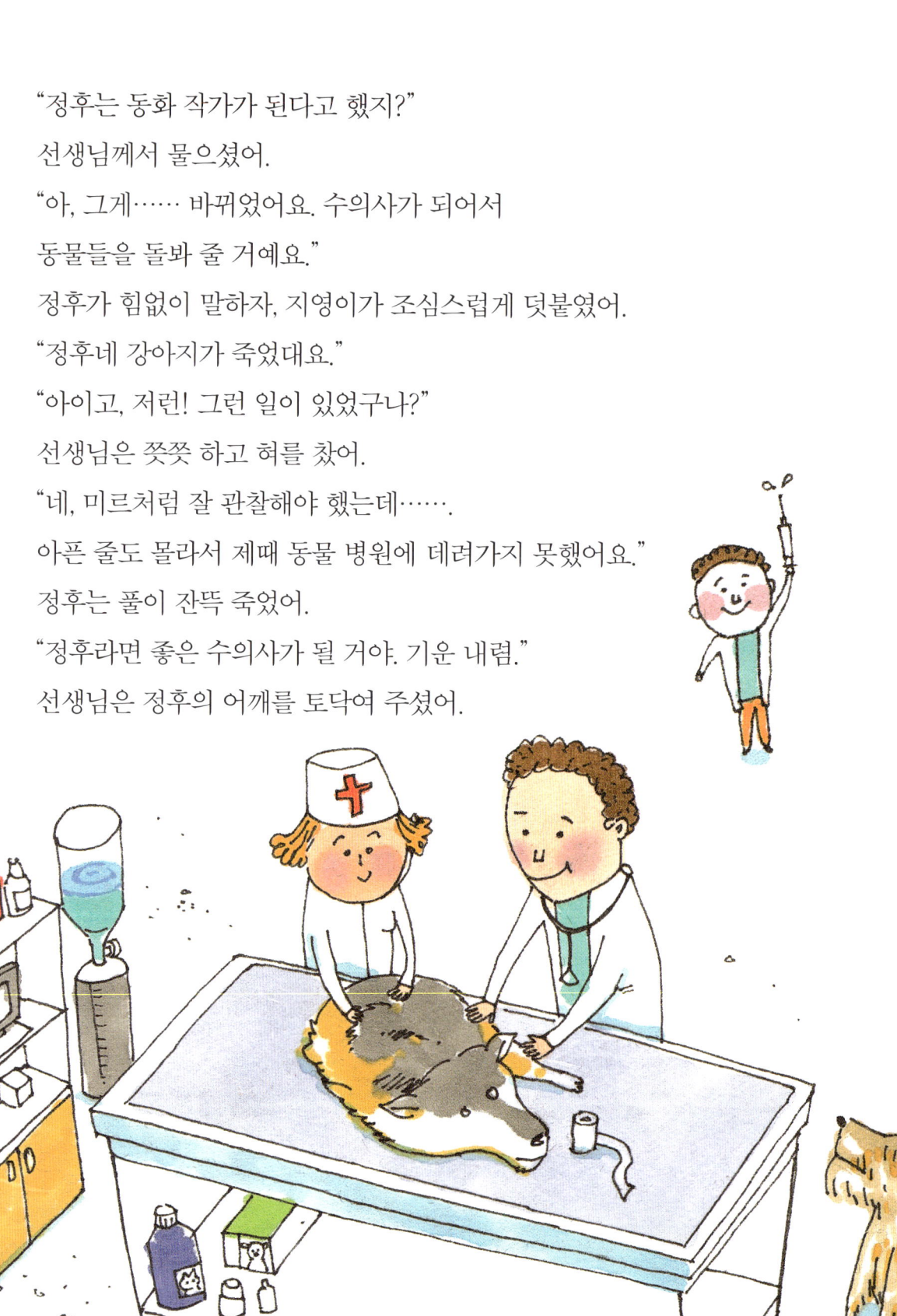

동화 작가

동화 작가는 어린이를 위한 이야기를 쓰는 사람이에요. 어린이의 마음을 잘 알아야 어린이가 좋아하고, 감동하는 글을 쓸 수 있어요. 재미있으면서도 올바른 가치관이 담긴 이야기를 쓰기 위해서는 동심을 잃지 않도록 애쓰고, 폭넓은 경험을 쌓아야 해요.

수의사

수의사는 동물의 질병과 장애, 상처를 진단하고 치료해요. 동물 병원에서 반려 동물들에게 예방 주사를 놓고, 병을 치료하기도 해요. 또 가축의 전염병을 예방하고 치료에 필요한 약품을 연구해서 새로운 치료제를 개발하기도 하지요.

"아, 수의사 하려고 했는데 정후가 한다니 나는 의사 해야겠다."
승규가 말했어.
"같은 직업을 꿈꿔도 되는데?"
선생님께서 되물으셨어.
그러자 아이들이 승규보다 먼저 한마디씩 했어.
"승규는 원래 그래요."
"지난번에는 경찰관 한다고 그랬어요."
"판사가 되고 싶다고도 했어요."
선생님은 빙그레 웃으셨어.
"승규는 꿈이 정말 많구나?"
"네, 하고 싶은 게 정말 많아요.
하루에 한 가지씩 돌아가며 하면 좋겠어요."
승규는 싱글벙글 웃었어.

의사

의사는 사람의 병을 진찰해 치료하고 병이 생기지 않도록 예방해 줘요. 사람의 목숨을 다루는 일이라 생명을 존중하는 마음과 사명감이 있어야 해요.

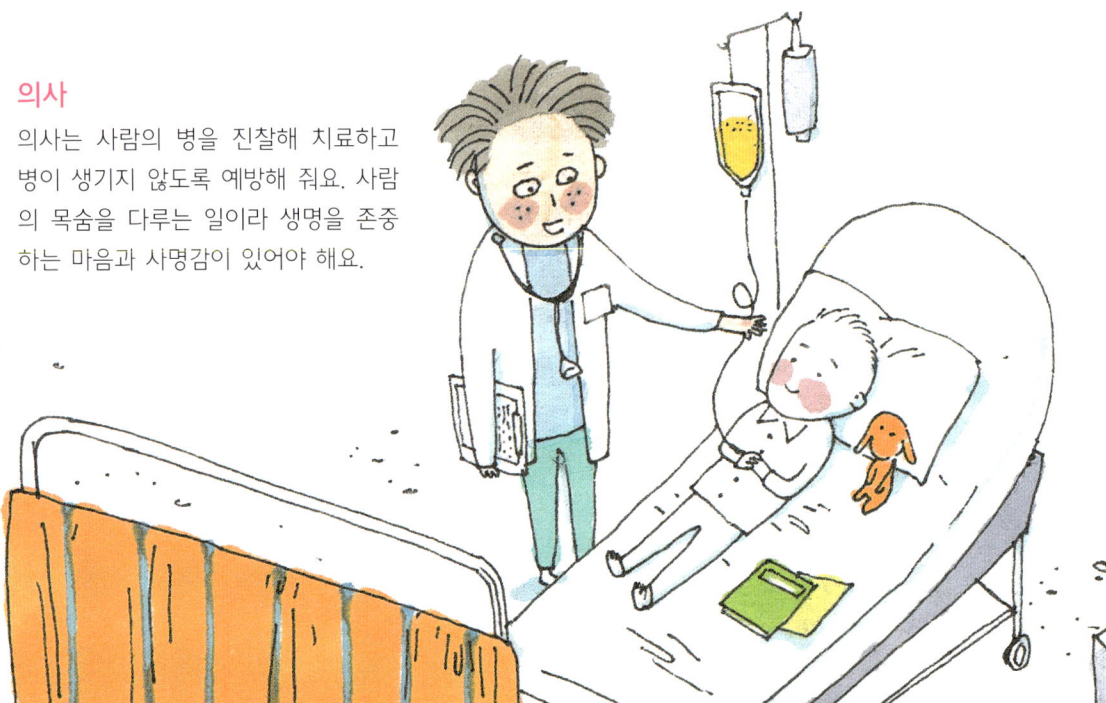

판사
판사는 사람들 사이에 다툼이 생겼을 때, 법에 따라 옳고 그름을 가려 줘요. 잘못이 있는지 없는지, 벌을 받아야 하는지 아닌지, 판단해 주는 일을 해요. 법을 많이 공부하고, 사람과 사회에 대한 이해가 깊어야 해요.

경찰관
경찰관은 국민의 생명과 재산을 보호하고, 범죄를 예방하는 일을 해요. 교통 정리도 하고, 범죄자도 체포해요. 또 인터넷에서 일어나는 사이버 범죄도 수사하지요. 경찰관에게는 추리력과 판단력이 꼭 필요해요.

"저는 한 번도 꿈이 바뀌지 않았어요."
유나가 말하자, 아이들이 입을 맞춰 소리쳤어.
"가수!"
유나는 기다렸다는 듯이 춤을 추어 보였어.
"저는 노래 부르는 것도 좋고 춤추는 것도 좋아요.
가수는 날마다 노래 연습을 많이 해야 해서 엄청나게 힘들대요.
그래도 저는 꼭 가수가 될 거예요.
피아노를 배우고 있는데 크면 작곡도 배울 거예요.
내가 만든 노래를 부르면 더욱 신나겠죠?"
유나 말에 선생님께서 웃으며 대답해 주셨어.
"그럼, 그럼! 정말 기대되는걸."

가수

가수는 방송국 공연장이나 콘서트 무대에서 노래를 불러요. 좋은 목소리로 노래를 잘 부르는 것이 가장 중요하므로 하루도 거르지 않고 꾸준히 연습해야 해요. 노래와 더불어 춤과 작사, 작곡에 재능이 있으면 더욱 좋아요.

"방송국에서 만나자, 유나야."
훈이가 말했어.
"나는 배우가 될 거야.
배우는 맡은 역에 따라서 다양한 경험을 할 수 있어.
여섯 살 때 드라마를 찍었는데 정말 떨렸어."
"우아, 어느 드라마에 나왔어?"
"어떤 역할이었어?"
아이들이 물었어.
"응, 아픈 아이 역이라 침대에 가만히 누워 있었어."
아이들이 웃으려 하는데 훈이가 재빨리 말했어.
"어른들이 연기하는 동안 꼼짝하지 않고 있는 거, 무척 힘들어.
잘한다고 칭찬 많이 받았어. 나는 훌륭한 배우가 될 거야."
훈이는 자신만만해.

배우

배우는 연극이나 영화, 텔레비전 드라마에 출연해 연기하는 사람이에요. 다양한 연기를 하려면, 많은 일을 경험해 보고 공부도 열심히 해야 해요. 무엇보다 연기에 대한 열정이 꼭 필요해요.

"저는 프로게이머가 될 거예요."
우진이가 벌떡 일어나서 말했어.
"날마다 게임만 하고 싶어서 그러지?"
경은이는 다 안다는 듯이 웃음 지으며 덧붙였어.
"근데 프로게이머 되게 어렵대."
우진이는 고개를 끄덕였어.
"응, 나도 들었어.
같은 팀 사람들이랑 몇 달씩 함께 지내면서 전술도 짜고
연습도 해야 한대.
어렵다고 하니까 더 하고 싶어졌어."
"우아, 정말? 이우진 다시 봐야겠는걸!"
경은이가 추켜세워 주자, 우진이는 뒤통수를 긁적이며 말했어.
"게임이라면 힘들어도 즐겁게 할 수 있을 거 같아."

놀이가 아니라 일이야! 실력을 키워야 해!

프로게이머

컴퓨터게임 대회에 참가하여 경기하는 사람을 프로게이머라고 해요. 프로게이머는 다양한 컴퓨터게임 기술을 익히고, 게임 감독이나 팀원들과 머리를 맞대고 전략을 짜요.

게임 프로듀서

게임 프로듀서는 어떤 게임을 만들 것인가 하는 기획부터 완성된 게임을 파는 것까지 모든 과정을 도맡아 관리하는 사람이에요. 게임 시나리오 작가, 게임 프로그래머, 게임 그래픽디자이너, 게임 음악가 등 필요한 사람들과 의견을 나누며 일을 진행하지요.

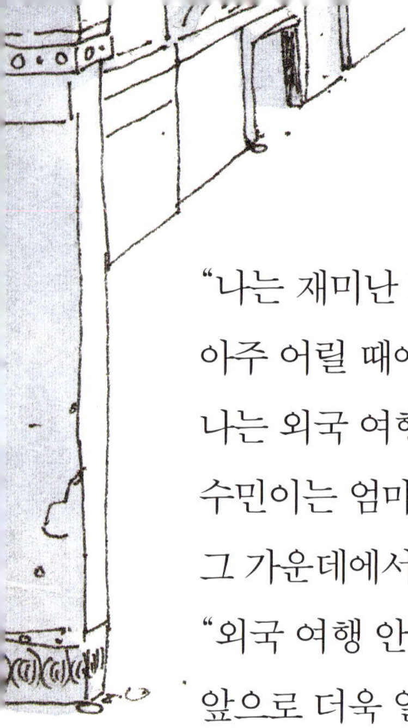

"나는 재미난 게임도 조금만 오래 하면 좀이 쑤셔.
아주 어릴 때에도 밖에 나가는 걸 좋아했대.
나는 외국 여행 안내원이 되어 세계 곳곳을 돌아다닐 거야."
수민이는 엄마와 함께 여행 관련 직업을 찾아보고
그 가운데에서 외국 여행 안내원을 골랐대.
"외국 여행 안내원은 외국어를 잘해야 해.
앞으로 더욱 열심히 공부할 거야."
수민이는 또랑또랑한 목소리로 말했어.
늘 명랑하고 상냥한 수민이와 여행하면 정말 즐거울 거야.

외국 여행 안내원

외국 여행을 하는 사람과 같이 다니며 관광지의 문화, 역사 등을 안내하고 사람들이 편하고 즐겁게 여행할 수 있도록 도와주는 일을 해요. 여행을 좋아하고, 외국어를 잘해야 해요. 친절한 마음씨와 통솔력도 꼭 필요하지요.

"오호, 다들 자기가 좋아하는 일, 잘할 수 있는 일을
직업으로 골랐구나. 멋지다!
그래, 직업은 돈을 벌기 위해서도 필요하지만,
자신의 능력과 개성을 발전시키기 위해서도
꼭 필요하고 중요하단다.
이제 연호만 발표하면 되지? 연호는 무슨 일을 하고 싶니?"
앗, 선생님께서 나에게 물으셨어.
나는 깜짝 놀라 고개를 번쩍 들었어.
선생님과 아이들이 모두 나를 바라봐.
머릿속이 하얗고 가슴이 떨려.
어쩔 줄 몰라 우물거리는데 유나가 말했어.
"연호는 만화를 잘 그려요. 만화가가 꿈일 거예요."
"맞아, 맞아. 정말 재미있게 그려요."
아이들이 맞장구를 쳐 주었어.
너무 부끄러워 얼굴이 빨갛게 달아올랐어.

만화가

만화가는 흥미로운 이야기를 만들어 만화로 풀어내는 사람이에요. 만화는 네모 칸과 그림, 말풍선으로 만들어지지요. 창의력과 상상력이 뛰어난 사람에게 잘 어울리는 일이에요.

애니메이터

그림이나 인형을 움직이게 하거나, 살아 있는 것처럼 보이게 만든 것을 애니메이션이라고 해요. 애니메이션에 들어갈 그림을 그리거나 그림을 영상으로 만드는 일을 하는 사람들을 모두 애니메이터라고 해요.

"그래, 연호는 그림을 잘 그리지. 연호야, 만화가가 되고 싶니?"

선생님께서 물으셨어.

나는 주먹을 꽉 쥐고 용기 내어 말했어.

"아니요. 저는 소방관이 될 거예요."

"소방관?"

지영이가 되물었어.

어울리지 않는다고 생각했을 거야.

소방관은 용기가 있어야 하는데,

나는 발표도 제대로 못 할 만큼 부끄러움이 많으니까…….

그래도 나는 소방관이 되어서 사람들을 도와주고 싶어.

우리 집에 불이 났을 때

나와 엄마를 구해 주었던 소방관 아저씨처럼.

소방관

소방관은 불이 났을 때뿐만 아니라 태풍, 홍수와 같은 재난이 일어났을 때에 사람들의 생명과 안전을 지켜 줘요. 화재를 예방하기 위해 노력하고 위험한 상황에 처한 사람을 구조해요. 소방관이 되려면, 희생정신과 봉사정신이 있어야 한답니다.

"와, 소방관, 멋지다!"
"연호는 착하고 친절하니까 잘할 거야."
"믿음직한 소방관이 될 거야."
아이들이 한마디씩 응원해 주었어.
민우는 엄지를 번쩍 세워 주었어.
가슴이 벅차오르면서 웃음이 절로 나왔어.
"모두 고마워. 씩씩한 소방관이 될게."
나는 큰 소리로 말했어.

힘찬 응원 노래를 불러 줄게!

힘든 일을 하려면 체력이 중요해! 나와 함께 운동하자!

| 부 록 |

연호네 반 친구들이 꿈꾸는 스물두 가지 직업

축구 선수   열한 명의 선수가 한 팀이 되어 상대편 골대에 골을 넣어야 이기는 운동 경기의 선수예요. 운동을 즐기고 체력이 튼튼해야 해요.

스쿠버다이빙 강사   스쿠버다이빙은 물에서 숨 쉴 수 있는 장비를 갖추고 물속을 헤엄치는 운동이에요. 스쿠버다이빙 강사는 그 방법을 가르쳐 주는 사람이죠.

패션 디자이너   옷과 사람, 문화에 대해 끊임없이 공부하고 창의성을 계발해, 멋진 옷을 디자인하는 사람을 패션 디자이너라고 해요.

테마파크 디자이너   사람들이 편안하게 쉬거나 즐겁게 지낼 수 있는 공원을 구상하고 디자인하는 사람을 테마파크 디자이너라고 해요.

제과제빵사   제과제빵사는 밀가루, 설탕, 달걀 따위의 온갖 재료로 다양한 빵과 과자, 사탕을 만들어요.

자영업자(개인사업가)   자기 스스로 물건을 사고팔거나, 기술 또는 서비스로 이익을 얻는 일을 하는 사람을 자영업자라고 해요.

우주인   우주선을 타고 지구 밖으로 나가 우주 비행을 하는 사람을 우주인이라 불러요. 우주에 관심이 많다면, 항공 우주와 관련한 공부를 하면 좋아요.

통역사   외국어를 우리말로 옮겨 주거나 우리말을 외국어로 옮겨 주려면, 외국어뿐 아니라 우리말도 잘하고, 외국 문화도 잘 알아야 해요.

동물 행동학자   동물의 몸 구조, 하는 일, 성질 등을 연구하는 동물학자 중에서 동물의 행동을 주로 연구하는 학자를 동물 행동학자라고 해요.

수의사   수의사는 동물들에게 예방 주사를 놓기도 하고, 병을 치료하기도 해요. 또 치료에 필요한 약품을 연구하고 개발하기도 하지요.

동화 작가   어린이를 위한 이야기를 쓰는 사람을 동화 작가라 불러요. 어린이의 마음을 잘 알아야 어린이가 좋아하는 글을 쓸 수 있어요.

의사	의사는 사람의 병을 진찰해서 치료하고 병이 생기지 않도록 예방해 줘요. 사람의 목숨을 다루는 일이라 도덕성과 사명감이 있어야 해요.
경찰관	경찰관은 국민의 생명과 재산을 보호하고, 범죄를 예방하는 일을 해요. 경찰관에게는 추리력과 판단력이 중요해요.
판사	판사는 사람들 사이에 다툼이 생겼을 때 법에 따라 옳고 그름을 가려 주거나 벌을 받아야 하는지 아닌지 판단해 주는 일을 해요.
가수	가수는 좋은 목소리로 노래를 잘 부르는 것이 가장 중요해요. 노래와 더불어 춤이나 작사, 작곡에 재능이 있으면 더욱 좋아요.
배우	배우는 연극이나 뮤지컬, 영화, 텔레비전 드라마 등에 출연해 연기하는 사람이에요. 연기에 대한 열정이 가장 중요해요.
프로게이머	프로게이머는 다양한 컴퓨터게임 기술을 익혀서 컴퓨터게임 대회에 참가해요. 신중하게 전략을 잘 짜야 해요.
게임 프로듀서	게임 프로듀서는 어떤 게임을 만들 것인가 하는 기획부터 완성된 게임을 팔기까지 모든 과정을 도맡아 관리하는 사람이에요.
외국 여행 안내원	외국 여행을 하는 사람과 같이 다니며 관광지의 문화, 역사 등을 안내하고 사람들이 편하고 즐겁게 여행을 할 수 있도록 도와줘요.
만화가	만화가는 네모 칸과 그림, 말풍선으로 흥미로운 이야기를 만들어 만화로 풀어내는 사람이에요.
애니메이터	그림이나 인형을 움직이는 영상으로 표현하는 것을 애니메이션이라 하고, 그림을 그리거나 영상을 만드는 사람들을 애니메이터라고 해요.
소방관	소방관은 불이 났을 때뿐만 아니라 태풍, 홍수와 같은 재난이 일어났을 때, 사람들의 생명과 안전을 지켜 줘요.

직업은 시대에 따라 바뀌어요!

시대가 바뀌면 직업도 따라 바뀌어요.
어떤 직업은 사라지고, 어떤 직업은 새로 생기지요.

✱ 연호는 그림을 잘 그려요. 그래서 그림과 관련한 직업을 꿈꿔요.

Q 연호가 옛날에 태어났다면?
화가가 되었을 거예요.

Q 연호가 오늘날 태어났다면?
화가, 만화가, 애니메이터, 일러스트레이터, 디자이너, 미술 선생님…….

만화가
화가
디자이너
미술 선생님

종류가 다양하구나!

나에게 딱 맞는 직업은 어떤 것일까?

내가 좋아하는 일
이 일을 할 때 정말 즐겁다!
좋아하는 일을 모두 적어 보세요.

내가 잘하는 일
이 일이라면 잘할 수 있다!
자신 있는 일을 모두 적어 보세요.

나에게 맞는 지금의 직업
알고 있는 직업 가운데에서
나에게 맞는 직업을 골라 보세요.

나에게 맞는 미래의 직업
시대가 바뀌어 새로운 직업이 생긴다면
어떤 직업이 나에게 맞을까요?
새로 생기면 좋을 직업을 상상해 보세요.

스콜라 꼬마지식인 03
나는 커서 어떤 일을 할까?
초판 1쇄 발행 2013년 5월 25일 **초판 12쇄 발행** 2024년 3월 6일

글 양지안 **그림** 강경수
펴낸이 이승현

출판3 본부장 최순영
교양 학습 팀장 김솔미
키즈 디자인 팀장 이수현 **디자인** 오세라

펴낸곳 ㈜위즈덤하우스 **출판등록** 2000년 5월 23일 제13-1071호
제조국 대한민국 **주소** 서울특별시 마포구 양화로 19 합정오피스빌딩 17층
전화 02) 2179-5600
홈페이지 www.wisdomhouse.co.kr **전자우편** kids@wisdomhouse.co.kr

ⓒ 양지안 · 강경수, 2013
ISBN 978-89-6247-375-9 74330

* 이 책의 전부 또는 일부 내용을 재사용하려면 반드시 사전에 저작권자와
  ㈜위즈덤하우스의 동의를 받아야 합니다.
* 인쇄 · 제작 및 유통상의 파본 도서는 구입하신 서점에서 바꿔드립니다.
* 이 책의 사용 연령은 8~13세입니다.
* 책값은 뒤표지에 있습니다.